KRAFT

PHILADELPHIA

Das neue

Tortenbuch

südwest

Inhalt

Philadelphia® – ein himmlischer Genuss

Philadelphia® ist weit mehr als ein Brotaufstrich. Neben dieser klassischen Verwendung und als Zutat zum Kochen ist besonders die Philadelphia® Torte sehr beliebt. Doch wussten Sie, dass sich neben der klassischen Philadelphia® Torte noch viele, viele andere tolle Tortenkreationen mit Philadelphia® zubereiten lassen? Viel Spaß beim Ausprobieren!

Qualität setzt sich durch

Aufgrund des himmlisch cremigen und köstlich frischen Geschmacks hat Philadelphia seit über 40 Jahren einen festen Platz auf den Tischen qualitätsbewusster Genießer.

In der Welt ist Philadelphia allerdings schon weit länger zu Hause: Bereits im Jahre 1880 kreierte der New Yorker Ladenbesitzer Reynolds den Urahnen der heutigen Philadelphia Frischkäsezubereitung. Nicht nur dessen Zutaten wählte er mit größter Sorgfalt aus, sondern auch den Produktnamen: Die amerikanische

Wenige Zutaten reichen aus, um die himmlische Creme für die Philadelphia Torte zuzubereiten.

Stadt Philadelphia war damals Inbegriff von Fortschritt und Natürlichkeit. Es dauerte nicht lange, bis die hohe Qualität der Zutaten sowie der frische und einzigartige Geschmack von Philadelphia auch den letzten kritischen Genießer überzeugt hatte, und das Produkt so im Sturm den amerikanischen Markt eroberte. Und auch in Deutschland wurde Philadelphia bereits kurz nach Markteinführung in 1961 zu einer der beliebtesten Frischkäsezubereitungen.

Ein wertvolles Milchprodukt

Philadelphia ist den hohen Ansprüchen an sich selbst immer treu geblieben. So unterliegt seine Produktion im KRAFT Werk Bad Fallingbostel seit eh und je strengsten Qualitätskontrollen. Die Verwendung ausgesuchter Zutaten, wie bester Kuhmilch von ausgewählten Lieferanten und reinster Sahne, garantiert die kontinuierlich hohe Qualität. So exakt kontrolliert die Zubereitung in der Praxis abläuft, so einfach ist sie im Prinzip. Die Sahne-Milch-Mischung wird mit weiteren Milcherzeugnissen verfeinert und unter hohem Druck homogenisiert und dann pasteurisiert. Anschließend wird die Milch unter Einwirkung spezieller Bakterienkulturen »dickgelegt«. Über einen sogenannten Separator erfolgt anschließend die Trennung von Käsemasse und Molke. Nach abermaligem Homogenisieren, was Philadelphia seine unnachahmliche Cremigkeit gibt, und erneutem Erhitzen wird er in seine Verpackung gefüllt.

Genuss pur

Dass sich Philadelphia immer größerer Beliebtheit erfreut, kommt nicht von ungefähr.
Zum einen liegt dies an seiner Vielseitigkeit. Ob als Zutat in Süßem oder Pikantem, Kaltem oder Warmem, Feinem oder Deftigem. Philadelphia harmoniert mit fast allen Geschmacksrichtungen.
Zum anderen ist Philadelphia in vielen leckeren Sorten erhältlich. Mit verschiedenen Zutaten wie Kräutern, Meerrettich, Basilikum oder Chili ist für jeden Geschmack etwas dabei. Und für den ernährungs-

bewussten Genießer gibt es mit Philadelphia *Balance* und Philadelphia *so leicht* fettreduzierte Sorten im Angebot. Aber sicher ist: Für welche Verwendungsart und Sorte man sich auch entscheidet – himmlischer Genuss ist garantiert.

Rezepte schnell & einfach

Die Philadelphia Torte lässt sich immer wieder neu interpretieren, basiert aber jeweils auf dem klassischen Grundrezept auf Seite 8. Hier finden sich auch hilfreiche kleine Tipps und Tricks zur Zubereitung, Aufbewahrung oder Vorbereitung. Alle Rezepte in diesem Buch sind mit viel Liebe zum Detail entwickelt und mehrfach getestet worden. Insbesondere wurde darauf geachtet, dass die Zubereitungszeit in der Regel eine halbe Stunde nicht überschreitet und alle Schritte schnell und einfach umsetzbar sind – kein Einkauf von komplizierten Zutaten, Einsatz von unüblichen Küchengeräten oder viel Abwasch. Somit bleibt mehr Zeit zum Genießen mit Freunden und Familie.

Kleines & Feines

Lust auf weitere Ideen mit Philadelphia für die Kaffeetafel? Ob Brownie oder Tiramisu – lassen Sie sich in unserem Kapitel »Die Kleinen & Feinen« überraschen oder im Internet unter www.philadelphia.de.

Die *Klassiker*

Grundrezept

Das klassische Grundrezept – pur, frisch und lecker

Zutaten für 16 Stücke:

150 g Löffelbiskuit
125 g Butter
600 g PHILADELPHIA Doppelrahmstufe
300 g Joghurt
3 EL Zitronensaft
6 Blatt Gelatine
75 g Zucker
Frische Früchte zum Garnieren

Vorbereitungszeit: 30 Minuten
Kühlzeit: 3 Stunden

Zubereitung

1 | Die Löffelbiskuits in einen großen Gefrierbeutel füllen, diesen verschließen und den Inhalt mit einem Nudelholz oder den Händen vollständig zerbröseln.

2 | Butter in einem kleinen Topf schmelzen, mit den Bröseln vermischen und anschließend mit den Händen oder einem Löffel in eine mit Backpapier ausgelegte Springform drücken.

3 | Philadelphia, Joghurt und Zitronensaft mit dem elektrischen Handrührgerät verrühren. Gelatineblätter in kaltem Wasser ca. 5 Minuten einweichen lassen und anschließend gut ausdrücken. Mit 150 ml Wasser und Zucker in einem Topf unter Rühren erhitzen, bis sich die Gelatine auflöst. Anschließend die gelöste Gelatine mit dem elektrischen Handrührgerät zügig in die Philadelphia-Creme einrühren.

4 | Die Philadelphia-Creme auf den Bröselboden in die Springform geben und die Torte für mindestens 3 Stunden kühlen. Vor dem Servieren nach Belieben mit frischen Früchten garnieren.

Pro Stück: ca. 998 kJ / 232 kcal, E 4 g, F 17 g, KH 15 g

Die perfekte Torte – so einfach geht's

Mit Philadelphia® lassen sich die unterschiedlichsten süßen Leckereien herstellen. Vielen ist in erster Linie die Philadelphia® Torte bekannt. Warum? Weil in den variationsreichen Tortenrezepten einfache Zubereitung, cremiger Geschmack und Frische eine Idealverbindung eingehen. Auf dieser und der nächsten Seite finden Sie das Grundrezept und die Herstellungsanleitung der Philadelphia® Torte Schritt für Schritt erklärt. Mit dieser Anleitung werden Ihnen auch alle anderen Philadelphia® Torten garantiert gelingen.

Zubereitung

1 | Die Löffelbiskuits in einen großen Gefrierbeutel einfüllen. Den Beutel mit einem Clip verschließen und den Inhalt mit einem Nudelholz oder den Händen vollständig zerbröseln. Der Einsatz einer Küchenmaschine lohnt sich für die Herstellung größerer Mengen Brösel.

2 | Die Löffelbiskuitbrösel mit zerlassener Butter vermischen und mit einem Kochlöffel gut durcharbeiten. Den Boden einer Springform (26 cm Ø) mit Backpapier auslegen und die Butter-Brösel-Mischung einfüllen. Mit der Unterseite eines Löffels festdrücken.

3 | Gelatineblätter ca. 5 Minuten in kaltem Wasser einweichen und anschließend leicht ausdrücken, um überschüssiges Wasser zu entfernen. Gelatine mit dem Zucker und der im Rezept angegebenen Flüssigkeit in einem Topf vorsichtig erwärmen (nicht kochen), bis sie sich auflöst, mit den jeweils im Rezept angegebenen Zutaten vermischen und zügig mit einem elektrischen Handrührgerät in die Philadelphia-Creme einrühren.

4 | Die Philadelphia-Creme auf den Bröselboden in der Springform einfüllen. Die Creme mit einem Spatel oder einem Löffel glatt streichen und die Torte für 3 Stunden in den Kühlschrank stellen.

Für den Boden

Eine Springform von ca. 26 cm Durchmesser mit Backpapier auslegen. Löffelbiskuits in einen Gefrierbeutel füllen, diesen verschließen und die Kekse mit einem Nudelholz, den Händen oder einer Küchenmaschine zerbröseln. Butter in einem kleinen Topf oder in der Mikrowelle schmelzen und mit den Bröseln vermischen. Anschließend mit den Händen oder einem Löffel in die Springform drücken.

Für die Creme

Philadelphia, Joghurt und Zitronensaft mit einem elektrischen Handrührgerät verrühren. Die Gelatine in kaltem Wasser ca. 5 Minuten einweichen lassen und anschließend gut ausdrücken. Mit 150 ml Flüssigkeit aus dem Rezept und Zucker in einem kleinen Topf unter Rühren erhitzen, bis sich die Gelatine auflöst. Anschließend mit dem elektrischen Handrührgerät nach und nach in die Philadelphia-Creme einrühren.

Fertigstellung der Torte

Die Creme auf den Löffelbiskuitboden in die Springform geben und die Torte für mindestens 3 Stunden kühlen. Mit einem Messer am Springformrand entlangschneiden und die Torte nach Belieben mit frischen Früchten dekoriert servieren.

Tipps & Tricks

Alle Philadelphia® Torten werden nach dem gleichen Grundrezept hergestellt, das sich nahezu beliebig variieren lässt. Lassen Sie Ihrer Fantasie einfach freien Lauf!

Vorbereitung

▸ Die Zutatenmengen in sämtlichen Tortenrezepten sind für eine Springform von 26 cm Durchmesser berechnet.

▸ Wenn Sie jedoch eine kleinere Philadelphia Torte zubereiten wollen, halbieren Sie die jeweiligen Zutatenmengen und verwenden eine Springform von 20 cm Durchmesser.

▸ Für die Zubereitung der Philadelphia Torten können Sie jede beliebige Springform verwenden. Die Form kann, muss aber nicht beschichtet sein.

▸ Legen Sie den Boden der Springform mit Backpapier aus. Das verhindert, dass der Boden an der Form haften bleibt. Pergamentpapier ist für Philadelphia Torten nicht geeignet, da es durchfeuchtet und beim Ablösen des Bodens reißt.

Für den Boden

▸ Für den Boden können Sie ganz nach Belieben knuspriges Gebäck, zum Beispiel Butterkekse oder Vollkorngebäck verwenden. Oder vermischen Sie die Keksbrösel mit gehackten Nüssen, Kaffeepulver oder Schokoladenraspeln.

▸ Sie können die Löffelbiskuits für den Tortenboden anstatt mit dem Nudelholz auch mit den Händen oder mithilfe einer Küchenmaschine zerkleinern. Damit es sich lohnt, das Gerät einzusetzen, können Sie gleich zwei Portionen zerkleinern und eine Portion als Vorrat für die nächste Torte aufbewahren.

▸ Nach Belieben können Sie den Boden auch mit Margarine anstatt mit Butter zubereiten.

▸ Wenn Sie die Torte nicht gleich servieren wollen, bestreuen Sie den Boden vor dem Einfüllen der

Philadelphia-Creme einfach mit Sahnesteif. So weichen die Löffelbiskuits nicht so schnell durch, und der Boden bleibt länger knusprig.

Für die Creme

▶ Für die Creme können Sie ganz nach Belieben zwischen Philadelphia in den Fettgehaltsstufen Doppelrahmstufe, Balance oder so leicht wählen.

▶ Verwenden Sie für die Flüssigkeit in der Creme Wasser oder Fruchtsäfte; auch Kaffee schmeckt köstlich!

▶ Sie können sowohl Naturjoghurt als auch Fruchtjoghurt oder Vanillejoghurt verwenden – probieren Sie einfach, was Ihnen am Besten schmeckt!

▶ Philadelphia Torten werden mit Gelatine zubereitet. Damit die Creme fest wird, muss die Torte unbedingt für 3 Stunden in den Kühlschrank gestellt werden. Die Torte wird auf diese Weise schnittfest, bleibt aber durch Philadelphia wunderbar cremig.

Früchte und Zutaten

▶ Legen Sie frische Früchte auf den Tortenboden, oder rühren Sie die Fruchtstücke, Fruchtpüree oder Kompott direkt in die Creme. Belegen Sie die fertige Torte ganz nach Ihrem Belieben – Ihrer Fantasie sind keine Grenzen gesetzt.

▶ Tiefgekühltes Obst ist eine gute Alternative, wenn es saisonbedingt mal keine frischen Früchte zu kaufen gibt. Besonders Beerenfrüchte lassen sich gut einfrieren und sind als Tiefkühlvariante in fast jedem Supermarkt erhältlich. Einfach vor der Verwendung im Rezept auftauen und gut abtropfen lassen.

Philadelphia Torten machen Spaß, denn sie sind meist in nur 30 Minuten zubereitet, den Rest erledigt der Kühlschrank.

Gebackener Klassiker

Aus dem Ofen genießen – ein ganz neues Philadelphia® Tortenerlebnis

Zutaten für 16 Stücke:

150 g Löffelbiskuit

80 g Butter

600 g PHILADELPHIA Doppel-
    rahmstufe

125 g Zucker

2 EL Zitronensaft

Mark einer Vanilleschote

2 Eier

Vorbereitungszeit: 30 Minuten

Backzeit: 50 Minuten

Kühlzeit: 2 Stunden

Zubereitung

1 | Backofen auf 180 °C (Umluft) vorheizen. Löffelbiskuits in einen Gefrierbeutel füllen, Beutel verschließen und den Inhalt mit einem Nudelholz oder den Händen vollständig zerbröseln.

2 | Butter schmelzen, mit den Bröseln vermischen und in eine mit Backpapier ausgelegte Springform drücken.

3 | Philadelphia, Zucker, Zitronensaft und das Mark der Vanilleschote mit dem elektrischen Handrührgerät vermengen. Nach und nach die Eier einrühren.

4 | Creme in die Springform füllen. Die Torte für ca. 50 Minuten im Ofen backen. Anschließend ca. 2 Stunden auskühlen lassen.

Pro Stück: ca. 948 kJ / 220 kcal, E 4 g, F 15 g, KH 17 g

TIPP Für eine fruchtige Variante der gebackenen Torte zwei Orangen filetieren und die Filets unter die Creme rühren!

Mit Früchten

Erdbeer-Vanille

Eine gelungene Kombination aus frischen Erdbeeren und Schokoboden

Zutaten für 16 Stücke:

150 g Löffelbiskuit
125 g Butter
1 Tafel Milka® Alpenmilch
  Schokolade
600 g PHILADELPHIA Doppelrahmstufe
300 g Joghurt
3 EL Zitronensaft
6 Blatt Gelatine
75 g Zucker
1 Päckchen Vanillezucker
300 g Erdbeeren (in Vierteln)

Vorbereitungszeit: 30 Minuten
Kühlzeit: 3 Stunden

Zubereitung

1 | Löffelbiskuits in einen Gefrierbeutel füllen, Beutel verschließen und den Inhalt mit einem Nudelholz oder den Händen vollständig zerbröseln.

2 | Butter schmelzen, mit den Bröseln vermischen und in eine mit Backpapier ausgelegte Springform drücken. Schokolade im Wasserbad oder in der Mikrowelle schmelzen, flüssige Schokolade auf dem Tortenboden verteilen.

3 | Philadelphia, Joghurt und Zitronensaft mit dem elektrischen Handrührgerät vermengen.

4 | Gelatine in kaltem Wasser kurz einweichen und ausdrücken. Mit Zucker, Vanillezucker und 150 ml Wasser erwärmen, bis sich die Gelatine gelöst hat. Zügig unter die Philadelphia-Creme rühren.

5 | Etwa ein Drittel der Creme auf dem Tortenboden verteilen und mit Erdbeervierteln belegen, einige Früchte zur Dekoration beiseitelegen. Die übrige Creme in die Springform füllen, anschließend für mindestens 3 Stunden kühlen. Mit übrigen Erdbeeren dekorieren und nach Belieben mit flüssiger Schokolade garniert servieren.

Pro Stück: ca. 1172 kJ / 273 kcal, E 5 g, F 19 g, KH 19 g

TIPP

Erdbeeren bleiben länger frisch, wenn Sie die Früchte sofort nach dem Einkaufen auf einem Backblech oder Tablett verteilen und kühl lagern. So bekommen die Früchte nicht so schnell Druckstellen.

Apfel-Knusper

Knusprig-cremige Torte mit Apfelwürfeln, Cranberries und Pistazien

Zutaten für 16 Stücke:

150 g Löffelbiskuit
125 g Butter
600 g PHILADELPHIA Doppel-
    rahmstufe
300 g Joghurt
6 Blatt Gelatine
150 ml Apfelsaft
75 g Zucker
1 Apfel (in feinen Würfeln)
125 g getrocknete Cranberries
etwas geriebene Zitronenschale
60 g Pistazien (grob gehackt)

Vorbereitungszeit: 30 Minuten
Kühlzeit: 3 Stunden

Zubereitung

1 | Löffelbiskuits in einen Gefrierbeutel füllen, Beutel verschließen und den Inhalt mit einem Nudelholz oder den Händen vollständig zerbröseln.

2 | Butter schmelzen, mit den Bröseln vermengen und in eine mit Backpapier ausgelegte Springform drücken.

3 | Philadelphia und Joghurt mit dem elektrischen Handrührgerät vermengen.

4 | Gelatine in kaltem Wasser kurz einweichen und ausdrücken. Mit Apfelsaft und Zucker erwärmen, bis sich die Gelatine gelöst hat. Zügig unter die Philadelphia-Creme rühren. Apfelwürfel, Cranberries, geriebene Zitronenschale und gehackte Pistazien unterheben.

5 | Creme in die Springform füllen; Torte für mindestens 3 Stunden kühlen. Vor dem Servieren ganz nach Belieben mit Pistazien, Cranberries und Apfelspalten dekorieren.

Pro Stück: ca. 1228 kJ / 286 kcal, E 5 g, F 19 g, KH 22 g

TIPP
Verwenden Sie für die Apfel-Knusper-Torte am besten eine säuerliche Apfelsorte, wie z. B. Boskop.

Cremige Waldfrüchte

Himmlische Torte mit aromatischer Waldfruchtschicht auf dem Tortenboden

Zutaten für 16 Stücke:

150 g Löffelbiskuit
125 g Butter
1 Päckchen roter Tortenguss
300 g Beerenfrüchte
    (z. B. Blaubeeren, Himbeeren
    und Johannisbeeren)
600 g PHILADELPHIA Balance
300 g Joghurt
3 EL Zitronensaft
6 Blatt Gelatine
75 g Zucker

Vorbereitungszeit: 35 Minuten
Kühlzeit: 3 Stunden

Zubereitung

1 | Löffelbiskuits in einen Gefrierbeutel füllen, Beutel verschließen und den Inhalt mit einem Nudelholz oder den Händen vollständig zerbröseln.

2 | Butter schmelzen, mit den Bröseln vermischen und in eine mit Backpapier ausgelegte Springform drücken.

3 | Tortenguss nach Packungsanweisung zubereiten, anschließend mit den Beerenfrüchten vermischen und auf den Tortenboden geben. Boden im Kühlschrank abkühlen.

4 | Philadelphia, Joghurt und Zitronensaft mit dem elektrischen Handrührgerät vermengen.

5 | Gelatine in kaltem Wasser kurz einweichen und ausdrücken. Mit Zucker und 150 ml Wasser erwärmen, bis sich die Gelatine gelöst hat. Zügig unter die Philadelphia-Creme rühren.

6 | Creme auf den Früchteboden in die Springform füllen. Die Torte für mindestens 3 Stunden kühlen. Nach Belieben mit einigen Früchten dekoriert servieren.

Pro Stück: ca. 849 kJ / 203 kcal, E 5 g, F 12 g, KH 17 g

TIPP Sie können die Früchte natürlich je nach Saison variieren, oder auch tiefgekühlte Früchte verwenden. Tiefgekühlte Früchte dafür auftauen und abtropfen.

Erdbeer-Mango

Exotische Mango und frische Erdbeeren – ein sommerlicher Genuss!

Zutaten für 16 Stücke:

150 g Löffelbiskuit

125 g Butter

600 g PHILADELPHIA Doppelrahmstufe

300 g Joghurt

3 EL Zitronensaft

6 Blatt Gelatine

75 g Zucker

1 Mango

300 g Erdbeeren

Vorbereitungszeit: 30 Minuten
Kühlzeit: 3 Stunden

Zubereitung

1 | Löffelbiskuits in einen Gefrierbeutel füllen, Beutel verschlie-
ßen und den Inhalt mit einem Nudelholz oder den Händen
vollständig zerbröseln.

2 | Butter schmelzen, mit den Bröseln vermischen und in eine
mit Backpapier ausgelegte Springform drücken.

3 | Philadelphia, Joghurt und Zitronensaft mit dem elektrischen
Handrührgerät vermengen.

4 | Gelatine in kaltem Wasser kurz einweichen und ausdrücken.
Mit 150 ml Wasser und Zucker erwärmen, bis sich die Gelatine
gelöst hat. Zügig unter die Philadelphia-Creme rühren.

5 | Mango schälen, den Kern entfernen und das Fruchtfleisch in
kleine Würfel schneiden. Zwei Drittel der Erdbeeren vierteln.

6 | Ein Drittel der Creme in die Springform füllen, Mangowürfel
darauf verteilen und ein weiteres Drittel der Creme darauf geben.
Erdbeerviertel darauf verteilen, die übrige Creme in die Springform füllen; Torte für mindestens 3 Stunden kühlen und mit
den übrigen Erdbeeren und Mangowürfel dekoriert servieren.

Pro Stück: ca. 1070 kJ / 249 kcal, E 5 g, F 18 g, KH 17 g

Pfirsich-Maracuja

Leckere Creme mit Pfirsichstücken auf Schokoboden, serviert mit fruchtigem Topping

Zutaten für 16 Stücke:

200 g Schokoladenkekse
70 g Butter
600 g PHILADELPHIA Doppel-
    rahmstufe
300 g Joghurt
3 EL Zitronensaft
1 Dose Pfirsiche (abgetropft
    ca. 500 g)
6 Blatt Gelatine
75 g Zucker
180 ml Maracujasaft

Vorbereitungszeit: 35 Minuten
Kühlzeit: 3 Stunden

Zubereitung

1 | Kekse in einen Gefrierbeutel füllen, Beutel verschließen und den Inhalt mit einem Nudelholz oder den Händen vollständig zerbröseln.

2 | Butter schmelzen, mit den Bröseln vermischen und in eine mit Backpapier ausgelegte Springform drücken.

3 | Philadelphia, Joghurt und Zitronensaft mit dem elektrischen Handrührgerät vermengen. Pfirsiche in feine Würfel schneiden.

4 | Gelatine in kaltem Wasser kurz einweichen und ausdrücken. Mit Zucker und 150 ml Maracujasaft erwärmen, bis sich die Gelatine gelöst hat. Zügig unter die Philadelphia-Creme rühren, anschließend die Hälfte der Pfirsichwürfel unterheben.

5 | Creme in die Springform füllen und die Torte für 3 Stunden kühlen. Übrige Pfirsichwürfel mit dem restlichen Maracujasaft pürieren und die Torte mit dem Maracuja-Pfirsichpüree servieren.

Pro Stück: ca.1125 kJ / 269 kcal, E 5 g, F 17 g, KH 21 g

Blaubeer-Sinfonie

Frische Blaubeeren in klassischer Philadelphia®-Creme

Zutaten für 16 Stücke:

150 g Löffelbiskuit
125 g Butter
600 g PHILADELPHIA Doppel-
    rahmstufe
300 g Joghurt
3 EL Zitronensaft
300 g Blaubeeren
6 Blatt Gelatine
75 g Zucker

Vorbereitungszeit: 35 Minuten
Kühlzeit: 3 Stunden

Zubereitung

1 | Löffelbiskuits in einen Gefrierbeutel füllen, Beutel verschließen und den Inhalt mit einem Nudelholz oder den Händen vollständig zerbröseln.

2 | Butter schmelzen, mit den Bröseln vermischen und in eine mit Backpapier ausgelegte Springform drücken.

3 | Philadelphia, Joghurt und Zitronensaft mit dem elektrischen Handrührgerät vermengen. Blaubeeren in der Creme zerschlagen.

4 | Gelatine in kaltem Wasser kurz einweichen und ausdrücken. Mit Zucker und 150 ml Wasser erwärmen, bis sich die Gelatine gelöst hat. Zügig unter die Philadelphia-Creme rühren.

5 | Creme in die Springform füllen. Die Torte für mindestens 3 Stunden kühlen. Nach Belieben mit einigen Früchten dekoriert servieren.

Pro Stück: ca. 1023 kJ / 238 kcal, E 4 g, F 17 g, KH 16 g

Kirsch-Mohn

Süße Mohncreme auf fruchtigem Kirschboden – lecker!

Zutaten für 16 Stücke:

150 g Löffelbiskuit
125 g Butter
1 Glas Schattenmorellen
    (abgetropft ca. 350 g)
600 g PHILADELPHIA Doppel-
    rahmstufe
300 g Joghurt
3 EL Zitronensaft
125 g backfertige Mohnmischung
6 Blatt Gelatine
75 g Zucker

Vorbereitungszeit: 30 Minuten
Kühlzeit: 3 Stunden

Zubereitung

1 | Löffelbiskuits in einen Gefrierbeutel füllen, Beutel verschließen und den Inhalt mit einem Nudelholz oder den Händen vollständig zerbröseln.

2 | Butter schmelzen, mit den Bröseln vermischen und in eine mit Backpapier ausgelegte Springform drücken. Schattenmorellen gut abtropfen lassen und auf dem Tortenboden verteilen.

3 | Philadelphia, Joghurt, Zitronensaft und backfertige Mohnmischung mit dem elektrischen Handrührgerät vermengen.

4 | Gelatine in kaltem Wasser kurz einweichen und ausdrücken. Mit 150 ml Wasser und Zucker erwärmen, bis sich die Gelatine gelöst hat. Zügig unter die Philadelphia-Creme rühren.

5 | Creme in die Springform füllen; Torte für mindestens 3 Stunden kühlen. Nach Belieben mit Schattenmorellen dekorieren.

Pro Stück: ca. 1235 kJ / 288 kcal, E 6 g, F 20 g, KH 19 g

Traube-Vollkorn

Torte mit knusprigem Vollkorn-Butterkeksboden

Zutaten für 16 Stücke:

150 g Vollkorn-Butterkekse
125 g Butter
300 g Weintrauben
600 g PHILADELPHIA Doppelrahmstufe
300 g Joghurt
3 EL Zitronensaft
6 Blatt Gelatine
75 g Zucker
150 ml roter Traubensaft

Vorbereitungszeit: 30 Minuten
Kühlzeit: 3 Stunden

Zubereitung

1 | Vollkorn-Butterkekse in einen Gefrierbeutel füllen, Beutel verschließen und den Inhalt mit einem Nudelholz oder den Händen vollständig zerbröseln.

2 | Butter schmelzen, mit den Bröseln vermischen und in eine mit Backpapier ausgelegte Springform drücken. Weintrauben vierteln und auf dem Boden verteilen, einige Früchte zur Dekoration beiseitelegen.

3 | Philadelphia, Joghurt und Zitronensaft mit dem elektrischen Handrührgerät vermengen.

4 | Gelatine in kaltem Wasser kurz einweichen und ausdrücken. Mit Zucker und Traubensaft erwärmen, bis sich die Gelatine gelöst hat. Zügig unter die Philadelphia-Creme rühren.

5 | Creme in die Springform füllen. Die Torte für mindestens 3 Stunden kühlen. Mit übrigen Weintrauben dekoriert servieren.

Pro Stück: ca. 1093 kJ / 254 kcal, E 5 g, F 18 g, KH 18 g

Mango-Kokos

Verführung mit frischer Mango, exotischem Kokosboden und Fruchttopping

Zutaten für 16 Stücke:

150 g Löffelbiskuit
125 g Butter
20 g Kokosraspel
600 g PHILADELPHIA Balance
300 g Joghurt
3 EL Zitronensaft
6 Blatt Gelatine
75 g Zucker
1 Mango (gewürfelt)
150 ml Multivitaminsaft
1 EL Speisestärke

Vorbereitungszeit: 35 Minuten
Kühlzeit: 3 Stunden 30 Minuten

Zubereitung

1 | Löffelbiskuits in einen Gefrierbeutel füllen, Beutel verschließen und den Inhalt mit einem Nudelholz oder den Händen vollständig zerbröseln.

2 | Butter schmelzen, mit den Bröseln vermischen und in eine mit Backpapier ausgelegte Springform drücken. Anschließend den Boden mit Kokosraspeln bestreuen.

3 | Philadelphia, Joghurt und Zitronensaft mit dem elektrischen Handrührgerät vermengen.

4 | Gelatine in kaltem Wasser kurz einweichen und ausdrücken. Mit Zucker und 150 ml Wasser erwärmen, bis sich die Gelatine gelöst hat. Zügig unter die Philadelphia-Creme rühren.

5 | Anschließend zwei Drittel der Mangostücke unter die Creme heben und diese in die Springform füllen. Die Torte für 3 Stunden kühlen.

6 | Übrige Mangostücke mit 50 ml Multivitaminsaft einkochen, anschließend pürieren. Speisestärke im übrigen Multivitaminsaft anrühren und mit dem Mangopüree unter Rühren aufkochen. Mangokompott auf die Torte geben und weitere 30 Minuten kühlen.

Pro Stück: ca. 921 kJ / 220 kcal, E 5 g, F 13 g, KH 20 g

Jamaica-Physalis

Ein exotischer Genuss mit frischer Physaliscreme und Kokosboden

Zutaten für 16 Stücke:

150 g Löffelbiskuit
125 g Butter
50 g Kokosraspel
200 g Physalis
600 g PHILADELPHIA Doppel-
    rahmstufe
300 g Joghurt
3 EL Zitronensaft
1/2 TL Rumaroma
6 Blatt Gelatine
75 g Zucker

Vorbereitungszeit: 30 Minuten
Kühlzeit: 3 Stunden

Zubereitung

1 | Löffelbiskuits in einen Gefrierbeutel füllen, Beutel verschließen und den Inhalt mit einem Nudelholz oder den Händen vollständig zerbröseln.

2 | Butter schmelzen, mit den Bröseln und der Hälfte der Kokosflocken vermischen und in eine mit Backpapier ausgelegte Springform drücken.

3 | Von der Hälfte der Physalis die Pergamenthaut entfernen, Früchte vierteln. Philadelphia, Joghurt, Zitronensaft, Rumaroma und die Physalis-Viertel mit dem elektrischen Handrührgerät vermengen.

4 | Gelatine in kaltem Wasser kurz einweichen und ausdrücken. Mit 150 ml Wasser und Zucker erwärmen, bis sich die Gelatine gelöst hat. Gelatine zügig unter die Philadelphia-Creme rühren.

5 | Creme in die Springform füllen; Torte für mindestens 3 Stunden kühlen. Vor dem Servieren mit übrigen Kokosflocken und Physalis dekorieren.

Pro Stück: ca. 1022 kJ / 256 kcal, E 5 g, F 19 g, KH 17 g

Nektarinen-Traum

Torte auf Haferkeksboden mit fruchtigem Nektarinen-Tortenspiegel

Zutaten für 16 Stücke:
200 g Haferkekse
125 g Butter
600 g PHILADELPHIA Balance
300 g Joghurt
3 EL Zitronensaft
6 Blatt Gelatine
75 g Zucker
150 ml Multivitaminsaft
3 Nektarinen
1 Päckchen Tortenguss

Vorbereitungszeit: 35 Minuten
Kühlzeit: 4 Stunden

Zubereitung

1 | Haferkekse in einen Gefrierbeutel füllen, Beutel verschließen und den Inhalt mit einem Nudelholz oder den Händen vollständig zerbröseln.

2 | Butter schmelzen, mit den Bröseln vermischen und in eine mit Backpapier ausgelegte Springform drücken.

3 | Philadelphia, Joghurt und Zitronensaft mit dem elektrischen Handrührgerät vermengen.

4 | Gelatine in kaltem Wasser kurz einweichen und ausdrücken. Mit Zucker und Multivitaminsaft erwärmen, bis sich die Gelatine gelöst hat. Zügig unter die Philadelphia-Creme rühren.

5 | Creme in die Springform füllen. Die Torte für mindestens 3 Stunden kühlen.

6 | Nektarinen in dünne Spalten schneiden und die Torte damit belegen. Tortenguss nach Packungsanweisung zubereiten, über die Nektarinenspalten verteilen und die Torte eine weitere Stunde kühlen.

Pro Stück: ca. 963 kJ / 230 kcal, E 6 g, F 14 g, KH 19 g

TIPP Anstelle von Haferkeksen können Sie auch 150 g Löffelbiskuit oder andere Kekse verwenden.

Zitronen-Spritz

Erfrischend spritzige Sommertorte für heiße Tage

Zutaten für 16 Stücke:

150 g Löffelbiskuit
125 g Butter
2 unbehandelte Zitronen
600 g PHILADELPHIA Balance
300 g Joghurt
6 Blatt Gelatine
75 g Zucker

Vorbereitungszeit: 30 Minuten
Kühlzeit: 3 Stunden

Zubereitung

1 | Löffelbiskuit in einen Gefrierbeutel füllen, Beutel verschließen und den Inhalt mit einem Nudelholz oder den Händen vollständig zerbröseln.

2 | Butter schmelzen, mit den Bröseln vermischen und in eine mit Backpapier ausgelegte Springform drücken.

3 | Schale einer Zitrone mit einem Zestenreißer in Zesten reißen und zur Seite legen, anschließend den Saft der Zitrone auspressen. Die Schale der anderen Zitrone mit der Reibe fein reiben. Philadelphia, Joghurt und geriebene Zitronenschale mit dem elektrischen Handrührgerät vermengen.

4 | Gelatine in kaltem Wasser kurz einweichen und ausdrücken. Zitronensaft mit Wasser auf 150 ml auffüllen und mit Gelatine und Zucker erwärmen, bis sich die Gelatine gelöst hat. Zügig unter die Philadelphia-Creme rühren.

5 | Creme in die Springform füllen. Die Torte für mindestens 3 Stunden kühlen. Mit den Zitronenzesten dekoriert servieren.

Pro Stück: ca. 810 kJ / 194 kcal, E 5 g, F 12 g, KH 16 g

TIPP Wenn Sie keinen Zestenreißer zur Hand haben, können Sie die Zitronenschale auch mit einem Sparschäler schälen und die Schale mit einem Messer in feine Streifen schneiden.

Mit Schokolade und Co.

Schoko-Mint

Frische Minzcreme kombiniert mit süß-herbem Schokoladenboden

Zutaten für 16 Stücke:

150 g Löffelbiskuit

50 g Butter

100 g Milka® Schokolade Zartherb

600 g PHILADELPHIA Doppelrahmstufe

300 g Joghurt

4 EL Mint-Sirup

6 Blatt Gelatine

75 g Zucker

1 Packung »I love Milka®« Hauchzarte Herzen Zartherb

Vorbereitungszeit: 30 Minuten
Kühlzeit: 3 Stunden

Zubereitung

1 | Löffelbiskuits in einen Gefrierbeutel füllen, Beutel verschließen und den Inhalt mit einem Nudelholz oder den Händen vollständig zerbröseln.

2 | Butter und Schokolade schmelzen, mit den Bröseln vermischen und in eine mit Backpapier ausgelegte Springform drücken.

3 | Philadelphia, Joghurt und Mint-Sirup mit dem elektrischen Handrührgerät vermengen.

4 | Gelatine in kaltem Wasser kurz einweichen und ausdrücken. Mit 150 ml Wasser und Zucker erwärmen, bis sich die Gelatine gelöst hat. Zügig unter die Philadelphia-Creme rühren.

5 | Creme in die Springform füllen; Torte für mindestens 3 Stunden kühlen. Vor dem Servieren mit Schokoherzen dekorieren.

Pro Stück: ca. 1161 kJ / 270 kcal, E 4 g, F 19 g, KH 20 g

Fußball-Fan

Zum Fußballereignis oder beim Geburtstag: Diese Torte ist ein Spaß für jede Party!

Zutaten für 16 Stücke:

1 Päckchen Götterspeise Wald-
meister
150 g Milka® Alpenmilch
Schokolade
150 g Löffelbiskuit
125 g Butter
600 g PHILADELPHIA Doppelrahmstufe
300 g Joghurt
3 EL Zitronensaft
6 Blatt Gelatine
75 g Zucker

Vorbereitungszeit: 40 Minuten
Kühlzeit: 3 Stunden

Zubereitung

1 | Götterspeise nach Packungsanweisung zubereiten, dabei statt 500 ml nur 250 ml Wasser verwenden. In einen tiefen Teller füllen und kalt stellen.

2 | 50 g Schokolade im Wasserbad oder in der Mikrowelle schmelzen, flüssige Schokolade auf einem Blech glatt streichen, abkühlen lassen und anschließend Sechsecke ausschneiden.

3 | Löffelbiskuits in einen Gefrierbeutel füllen, Beutel verschließen und den Inhalt mit einem Nudelholz oder den Händen vollständig zerbröseln. Eine halbe Tafel Schokolade raspeln. Butter schmelzen, mit den Bröseln und den Schokoladenraspeln vermischen und in eine mit Backpapier ausgelegte Springform drücken.

4 | Philadelphia, Joghurt und Zitronensaft mit dem elektrischen Handrührgerät vermengen.

5 | Gelatine in kaltem Wasser kurz einweichen und ausdrücken. Mit 150 ml Wasser und Zucker erwärmen, bis sich die Gelatine gelöst hat. Zügig unter die Philadelphia-Creme rühren.

6 | Die feste Götterspeise mittig auf den Tortenboden stürzen. Creme darauf schichten; Torte mindestens 3 Stunden kühlen. Schokoladensechsecke auf die Torte legen. Übrige Schokolade schmelzen, in einen Gefrierbeutel füllen, eine Ecke des Beutels abschneiden und mit der flüssigen Schokolade das Muster des Fußballs auf der Oberfläche der Torte vollenden.

Pro Stück: ca. 1308 kJ / 305 kcal, E 5 g, F 20 g, KH 26 g

À la Tiramisu

Ein Dessertklassiker mal als Torte serviert – köstlich!

Zutaten für 16 Stücke:

200 g Löffelbiskuit
1/2 l kalter Jacobs® Kaffee
100 g Milka® Alpenmilch
    Schokolade
600 g PHILADELPHIA Doppel-
    rahmstufe
300 g Joghurt
3 EL Zitronensaft
75 g Zucker
6 Blatt Gelatine
3 EL Kaba® Kakaopulver

Vorbereitungszeit: 30 Minuten
Kühlzeit: 3 Stunden

Zubereitung

1 | Einen Tortenring auf eine Tortenplatte stellen. Löffelbiskuits kurz in den erkalteten Kaffee eintauchen, den Boden eng damit auslegen.

2 | Schokolade raspeln und die Hälfte der Raspeln gleichmäßig auf dem Tortenboden verteilen.

3 | Philadelphia, Joghurt und Zitronensaft mit dem elektrischen Handrührgerät vermengen.

4 | Gelatine in kaltem Wasser kurz einweichen und ausdrücken. Mit 150 ml Wasser und Zucker erwärmen, bis sich die Gelatine gelöst hat. Zügig unter die Philadelphia-Creme rühren.

5 | Creme in den Tortenring füllen; Torte für mindestens 3 Stunden kühlen. Vor dem Servieren den Tortenring vorsichtig entfernen; die Torte mit Kakaopulver bestäuben und mit den übrigen Schokoraspeln verziert servieren.

Pro Stück: ca. 974 kJ / 226 kcal, E 5 g, F 13 g, KH 22 g

Schoko-Pfirsich

Gebackene Philadelphia® Torte mit Pfirsichen und Schokolade

Zutaten für 16 Stücke:

150 g Löffelbiskuit

30 g Butter

50 g Côte d'Or®
   Intense 70% Cacao

600 g PHILADELPHIA Doppelrahmstufe

125 g Zucker

2 EL Zitronensaft

Mark einer Vanilleschote

2 Eier

1 Dose Pfirsiche
   (abgetropft ca. 500 g)

Vorbereitungszeit: 30 Minuten
Backzeit: 50 Minuten
Kühlzeit: 3 Stunden

Zubereitung

1 | Backofen auf 180°C (Umluft) vorheizen. Löffelbiskuits in einen Gefrierbeutel füllen, Beutel verschließen und den Inhalt mit einem Nudelholz oder den Händen vollständig zerbröseln.

2 | Butter und Schokolade in einem Topf schmelzen, mit den Bröseln vermischen und in eine mit Backpapier ausgelegte Springform drücken.

3 | Philadelphia, Zucker, Zitronensaft und das Mark der Vanilleschote mit dem elektrischen Handrührgerät vermengen. Eier nach und nach einrühren.

4 | Pfirsiche würfeln und auf dem Tortenboden verteilen, Creme daraufgeben. Die Torte für ca. 50 Minuten im Ofen backen. Anschließend 3 Stunden auskühlen lassen.

Pro Stück: ca. 1028 kJ / 239 kcal, E 5 g, F 14 g, KH 24 g

TIPP

Mit der ausgekratzten Vanilleschote können Sie Ihren eigenen Vanillezucker herstellen – einfach in ein verschließbares Glas geben und mit Zucker bedecken. Nach einiger Zeit nimmt der Zucker so das köstliche Aroma der Vanilleschote an.

Cappuccino-Kirsch

Cappuccinocreme und süße Kirschen – eine himmlische Versuchung!

Zutaten für 16 Stücke:

1 Glas Kirschen
    (abgetropft ca. 350 g)
1 EL Puderzucker
2 EL Rum
1 TL Zimt
2 EL Speisestärke
150 g Löffelbiskuit
125 g Butter
600 g PHILADELPHIA Doppel-
    rahmstufe
300 g Joghurt
3 EL Zitronensaft
2 Tassenportionen Jacobs®
    Cappuccino
6 Blatt Gelatine
75 g Zucker

Vorbereitungszeit: 30 Minuten
Kühlzeit: 3 Stunden

Zubereitung

1 | Kirschen abtropfen lassen, den Saft auffangen. Puderzucker in einem Topf karamellisieren, mit dem Kirschsaft ablöschen; anschließend Rum, Zimt und Kirschen zufügen. Zwei Esslöffel Speisestärke mit etwas Wasser glatt rühren und die Sauce damit andicken, anschließend auskühlen lassen.

2 | Löffelbiskuits in einen Gefrierbeutel füllen, Beutel verschließen und den Inhalt mit einem Nudelholz oder den Händen vollständig zerbröseln.

3 | Butter schmelzen, mit den Bröseln vermischen und in eine mit Backpapier ausgelegte Springform drücken.

4 | Philadelphia, Joghurt, Zitronensaft und Cappuccino-Pulver mit dem elektrischen Handrührgerät vermengen.

5 | Gelatine in kaltem Wasser kurz einweichen und ausdrücken. Mit 150 ml Wasser und Zucker erwärmen, bis sich die Gelatine gelöst hat. Zügig unter die Creme rühren.

6 | Kirschsauce auf den Teigboden streichen, Creme darauf verteilen. Torte für mindestens 3 Stunden kühlen und nach Belieben mit geschmolzener Schokolade garniert servieren.

Pro Stück: ca. 1136 kJ / 264 kcal, E 5 g, F 17 g, KH 21 g

Coffee-Banana

Kaffee-Bananen-Creme und aromatischer Kaffeetortenboden

Zutaten für 16 Stücke:

150 g Löffelbiskuit

125 g Butter

2 TL Jacobs® Kaffeepulver

600 g PHILADELPHIA Doppel-rahmstufe

300 g Joghurt

6 Blatt Gelatine

75 g Zucker

75 ml Jacobs® Kaffee (frisch gebrüht)

75 ml Bananensirup

Vorbereitungszeit: 30 Minuten
Kühlzeit: 3 Stunden

Zubereitung

1 | Löffelbiskuits in einen Gefrierbeutel füllen, Beutel verschließen und den Inhalt mit einem Nudelholz oder den Händen vollständig zerbröseln.

2 | Butter schmelzen, mit Bröseln und Kaffeepulver vermischen und in eine mit Backpapier ausgelegte Springform drücken.

3 | Philadelphia und Joghurt mit dem elektrischen Handrührgerät vermengen.

4 | Gelatine in kaltem Wasser kurz einweichen und ausdrücken. Mit Zucker, Kaffee und Bananensirup erwärmen, bis sich die Gelatine gelöst hat. Zügig unter die Philadelphia-Creme rühren.

5 | Creme in die Springform füllen. Die Torte für mindestens 3 Stunden kühlen. Nach Belieben mit Bananensirup und Kaffeepulver dekoriert servieren.

Pro Stück: ca. 1048 kJ / 244 kcal, E 4 g, F 17 g, KH 18 g

Caramel Crunch

Knusprig mit Müsli-Cornflakes-Boden und extravagantem Carameltopping

Zutaten für 16 Stücke:

100 g Müsli
100 g Cornflakes
125 g Butter
3 EL Ahornsirup
600 g PHILADELPHIA Doppelrahmstufe
300 g Joghurt
3 EL Zitronensaft
6 Blatt Gelatine
175 g Zucker

Vorbereitungszeit: 30 Minuten
Kühlzeit: 3 Stunden

Zubereitung

1 | Müsli und Cornflakes in einen Gefrierbeutel füllen, Beutel verschließen und den Inhalt mit einem Nudelholz grob zerbröseln.

2 | Butter schmelzen, mit den Bröseln vermischen und in eine mit Backpapier ausgelegte Springform drücken. Den Boden mit Ahornsirup beträufeln.

3 | Philadelphia, Joghurt und Zitronensaft mit dem elektrischen Handrührgerät vermengen.

4 | Gelatine in kaltem Wasser kurz einweichen und ausdrücken. Mit 150 ml Wasser und 75 g Zucker erwärmen, bis sich die Gelatine gelöst hat. Zügig unter die Philadelphia-Creme rühren.

5 | Creme in die Springform füllen; Torte für mindestens 3 Stunden kühlen.

6 | Übrigen Zucker in einen Topf geben und erwärmen, bis der Zucker karamellisiert. Topf vom Herd nehmen; Karamellmasse abkühlen lassen, bis sie Fäden zieht. Die Torte damit verzieren und sofort servieren.

Pro Stück: ca. 1154 kJ / 268 kcal, E 5 g, F 18 g, KH 23 g

Mit kleinem Schwips

Kaffee-Likörchen

Herb-fruchtige Torte mit Kaffee, Sahnelikör und Himbeeren

Zutaten für 16 Stücke:

150 g Löffelbiskuit

125 g Butter

1/2 Tafel Milka® Schokolade Zartherb (geraspelt)

600 g PHILADELPHIA Doppelrahmstufe

300 g Joghurt

6 Blatt Gelatine

75 ml Jacobs® Kaffee (frisch gebrüht)

75 ml Sahnelikör

75 g Zucker

250 g Himbeeren

Vorbereitungszeit: 30 Minuten
Kühlzeit: 3 Stunden

Zubereitung

1 | Löffelbiskuits in einen Gefrierbeutel füllen, Beutel verschließen und den Inhalt mit einem Nudelholz oder den Händen vollständig zerbröseln.

2 | Butter schmelzen, mit den Bröseln und geraspelter Schokolade vermischen und in eine mit Backpapier ausgelegte Springform drücken.

3 | Philadelphia und Joghurt mit dem elektrischen Handrührgerät vermengen.

4 | Gelatine in kaltem Wasser kurz einweichen und ausdrücken. Mit Kaffee, Sahnelikör und Zucker erwärmen, bis sich die Gelatine gelöst hat. Zügig unter die Philadelphia-Creme rühren.

5 | Himbeeren auf dem Tortenboden verteilen, Creme darauf geben. Torte für mindestens 3 Stunden kühlen; nach Belieben mit Himbeeren und Kaffeepulver dekorieren.

Pro Stück: ca. 1139 kJ / 266 kcal, E 5 g, F 19 g, KH 18 g

TIPP Für die alkoholfreie Variante können Sie den Likör durch Wasser oder weitere 75 ml Kaffee ersetzen.

Bunter Fruchtcocktail

Köstliche Cocktailtorte mit Wermut und einem bunten Fruchtmix

Zutaten für 16 Stücke:

150 g Löffelbiskuit
125 g Butter
1 Dose Fruchtcocktail
  (abgetropft ca. 250 g)
600 g PHILADELPHIA Balance
300 g Joghurt
6 Blatt Gelatine
75 ml Wermut
75 g Zucker

Vorbereitungszeit: 30 Minuten
Kühlzeit: 3 Stunden

Zubereitung

1 | Löffelbiskuits in einen Gefrierbeutel füllen, Beutel verschließen und den Inhalt mit einem Nudelholz oder den Händen vollständig zerbröseln.

2 | Butter schmelzen, mit den Bröseln vermischen und in eine mit Backpapier ausgelegte Springform drücken.

3 | Fruchtcocktail gut abtropfen lassen, den Saft auffangen. Einige Früchte beiseitestellen.

4 | Philadelphia und Joghurt mit dem elektrischen Handrührgerät vermengen.

5 | Gelatine in kaltem Wasser kurz einweichen und ausdrücken. Mit Wermut, 75 ml des Fruchtsaftes und Zucker erwärmen, bis sich die Gelatine gelöst hat. Zügig unter die Philadelphia-Creme rühren.

6 | Fruchtcocktail unterheben. Creme in die Springform füllen; Torte für mindestens 3 Stunden kühlen und mit den übrigen Früchten dekoriert servieren.

Pro Stück: ca. 899 kJ / 215 kcal, E 5 g, F 12 g, KH 20 g

TIPP
Für die alkoholfreie Variante können Sie auch einfach insgesamt 150 ml des Fruchtsaftes aus der Dose verwenden.

Waldmeister-Bowle

Marmorierte Torte mit leckerer Erdbeer- und Waldmeistercreme

Zutaten für 16 Stücke:

150 g Löffelbiskuit

125 g Butter

600 g PHILADELPHIA Balance

300 g Joghurt

8 Blatt Gelatine

50 ml weißer Rum

75 g Zucker

200 g Erdbeeren

3 EL Waldmeistersirup

Vorbereitungszeit: 35 Minuten

Kühlzeit: 3 Stunden

Zubereitung

1 | Löffelbiskuits in einen Gefrierbeutel füllen, Beutel verschließen und den Inhalt mit einem Nudelholz oder den Händen vollständig zerbröseln.

2 | Butter schmelzen, mit den Bröseln vermischen und in eine mit Backpapier ausgelegte Springform drücken.

3 | Philadelphia und Joghurt mit dem elektrischen Handrührgerät vermengen. 6 Blatt Gelatine in kaltem Wasser kurz einweichen und ausdrücken. Mit Rum, 100 ml Wasser und Zucker erwärmen, bis sich die Gelatine gelöst hat. Zügig unter die Philadelphia-Creme rühren.

4 | Erdbeeren pürieren. Übrige 2 Blatt Gelatine in kaltem Wasser kurz einweichen und ausdrücken. Mit dem Erdbeerpüree erhitzen, bis sich die Gelatine gelöst hat. Zwei Drittel der Philadelphia-Creme mit dem Erdbeerpüree vermengen und auf den Tortenboden geben.

5 | Übrige Creme mit Waldmeistersirup verrühren und mit der Erdbeercreme marmorieren. Die Torte für mindestens 3 Stunden kühlen.

Pro Stück: ca. 880 kJ / 210 kcal, E 5 g, F 12 g, KH 18 g

TIPP

Ersetzen Sie den Rum durch Wasser, erhalten Sie eine fruchtig bunte alkoholfreie Torte.

Prosecco-Cassis

Himmlische Torte mit frischen Johannisbeeren und Prosecco

Zutaten für 16 Stücke:

150 g Löffelbiskuit
125 g Butter
600 g PHILADELPHIA Balance
300 g Joghurt
3 EL Zitronensaft
8 Blatt Gelatine
75 g Zucker
150 ml Prosecco
100 ml Johannisbeersaft
50 ml Cassislikör
200 g Johannisbeeren

Vorbereitungszeit: 35 Minuten
Kühlzeit: 3 Stunden

Zubereitung

1 | Löffelbiskuits in einen Gefrierbeutel füllen, Beutel verschließen und den Inhalt mit einem Nudelholz oder den Händen vollständig zerbröseln.

2 | Butter schmelzen, mit den Bröseln vermischen und in eine mit Backpapier ausgelegte Springform drücken.

3 | Philadelphia, Joghurt und Zitronensaft mit dem elektrischen Handrührgerät vermengen.

4 | 6 Blatt Gelatine in kaltem Wasser kurz einweichen und ausdrücken. Mit Zucker und Prosecco erwärmen, bis sich die Gelatine gelöst hat. Zügig unter die Philadelphia-Creme rühren.

5 | Creme in die Springform füllen. Die Torte für mindestens 2 Stunden kühlen.

6 | Übrige Blätter Gelatine in kaltem Wasser kurz einweichen und ausdrücken. Mit Johannisbeersaft und Cassislikör erwärmen, bis die Gelatine gelöst ist. Johannisbeeren zufügen, Masse auf die Torte geben und eine weitere Stunde kühlen.

Pro Stück: ca. 923 kJ / 221 kcal, E 6 g, F 12 g, KH 19 g

TIPP

Für die alkoholfreie Variante können Sie Prosecco einfach durch Wasser und den Cassis durch Johannisbeersaft ersetzen.

Pfirsich-Sekt

Mit Pfirsichsaft, Sekt und einem Hauch von Grenadine

Zutaten für 16 Stücke:

150 g Löffelbiskuit

125 g Butter

1 Dose Pfirsiche
(abgetropft ca. 235 g)

600 g PHILADELPHIA Doppelrahmstufe

300 g Joghurt

2 EL Grenadine

6 Blatt Gelatine

75 ml Sekt

75 g Zucker

Vorbereitungszeit: 30 Minuten
Kühlzeit: 3 Stunden

Zubereitung

1 | Löffelbiskuits in einen Gefrierbeutel füllen, Beutel verschließen und den Inhalt mit einem Nudelholz oder den Händen vollständig zerbröseln.

2 | Butter schmelzen, mit den Bröseln vermischen und in eine mit Backpapier ausgelegte Springform drücken.

3 | Pfirsiche gut abtropfen lassen, den Saft auffangen. Pfirsiche in Spalten schneiden.

4 | Philadelphia, Joghurt und Grenadine mit dem elektrischen Handrührgerät vermengen.

5 | Gelatine in kaltem Wasser kurz einweichen und ausdrücken. Mit Sekt, 75 ml des Pfirsichsaftes und Zucker erwärmen, bis sich die Gelatine gelöst hat. Zügig unter die Philadelphia-Creme rühren.

6 | Creme in die Springform füllen. Die Torte für mindestens 3 Stunden kühlen. Mit Pfirsichspalten dekoriert servieren.

Pro Stück: ca. 256 kJ / 61 kcal, E 4 g, F 17 g, KH 19 g

TIPP Ersetzen Sie für die alkoholfreie Variante dieser Torte den Sekt einfach durch weiter 75 ml Pfirsichsaft oder Wasser.

Grüne Limette

Erfrischende Limettencreme mit Rohrzucker und Zuckerrohrschnaps

Zutaten für 16 Stücke:

150 g Löffelbiskuit

125 g Butter

600 g PHILADELPHIA Balance

300 g Joghurt

6 Blatt Gelatine

75 g Rohrzucker

75 ml Tonic Water

75 ml Zuckerrohrschnaps

1-2 Limetten (ausgepresst)

Vorbereitungszeit: 30 Minuten

Kühlzeit: 3 Stunden

Zubereitung

1 | Löffelbiskuits in einen Gefrierbeutel füllen, Beutel verschließen und den Inhalt mit einem Nudelholz oder den Händen vollständig zerbröseln.

2 | Butter schmelzen, mit den Bröseln vermischen und in eine mit Backpapier ausgelegte Springform drücken.

3 | Philadelphia und Joghurt mit dem elektrischen Handrührgerät vermengen.

4 | Gelatine in kaltem Wasser kurz einweichen und ausdrücken. Mit Rohrzucker, Tonic Water, Zuckerrohrschnaps und Limettensaft erwärmen, bis sich die Gelatine gelöst hat. Zügig unter die Philadelphia-Creme rühren.

5 | Creme in die Springform füllen. Die Torte für mindestens 3 Stunden kühlen. Nach Belieben mit Limettenscheiben dekoriert servieren.

Pro Stück: ca. 867 kJ / 207 kcal, E 5 g, F 12 g, KH 16 g

TIPP

Wenn Sie den Zuckerrohrschnaps durch weitere 75 ml Tonic Water ersetzen, erhalten Sie eine fruchtig-frische alkoholfreie Variante.

Südsee-Cocktail

Aromatisch mit Ananasstückchen auf Kokosboden

Zutaten für 16 Stücke:

150 g Löffelbiskuit

125 g Butter

30 g Kokosraspel

600 g PHILADELPHIA Balance

300 g Joghurt

1 Dose Ananas (abgetropft 260 g)

6 Blatt Gelatine

75 ml Zucker

einige Tropfen Rumaroma

75 ml cremige Kokosnussmilch

Vorbereitungszeit: 30 Minuten
Kühlzeit: 3 Stunden

Zubereitung

1 | Löffelbiskuits in einen Gefrierbeutel füllen, Beutel verschließen und den Inhalt mit einem Nudelholz oder den Händen vollständig zerbröseln.

2 | Butter schmelzen, mit den Bröseln und den Kokosraspeln vermischen und in eine mit Backpapier ausgelegte Springform drücken.

3 | Philadelphia und Joghurt mit dem elektrischen Handrührgerät vermengen. Ananas gut abtropfen lassen, den Saft auffangen. Ananas in kleine Stücke schneiden, einige Stücke beiseitelegen.

4 | Gelatine in kaltem Wasser kurz einweichen und ausdrücken. Mit Zucker, Rumaroma, Kokosmilch und 75 ml Ananassaft erwärmen, bis sich die Gelatine gelöst hat. Zügig unter die Philadelphia-Creme rühren, anschließend die Ananasstücke unterheben.

5 | Creme in die Springform füllen. Die Torte für mindestens 3 Stunden kühlen. Mit Ananas und Kokosraspeln dekorieren.

Pro Stück: ca. 916 kJ / 219 kcal, E 5 g, F 13 g, KH 19 g

Die Kleinen & Feinen

Frühstücks-Kaffeekuchen

Gebackener Frühstückskuchen mit Philadelphia®-Kaffee-Marzipan-Füllung

Zutaten für 8 Stücke:

1 Backmischung für einen Hefeteig
200 g PHILADELPHIA Doppel-
    rahmstufe
50 ml starker Jacobs® Kaffee
75 g Zucker
100 g Marzipanrohmasse
    (in kleinen Stücken)

Vorbereitungszeit: 10 Minuten
Backzeit: 40 Minuten

Zubereitung

1 | Backofen auf ca. 180 °C (Umluft) vorheizen. Hefeteig nach Packungsanweisung zubereiten.

2 | Philadelphia, Kaffee, Zucker und Marzipan mit dem elektrischen Handrührgerät vermengen.

3 | Hefeteig ausrollen (ca. 30 x 40 cm), mit Philadelphia-Kaffee-Masse bestreichen und von der kurzen Seite her aufrollen.

4 | Von der Teigrolle daumendicke Schnecken abschneiden und in eine mit Backpapier ausgelegte Springform dicht aneinander schichten. Den Kuchen ca. 40 Minuten backen und vor dem Servieren gut abkühlen lassen.

Pro Stück: ca. 1422 kJ / 333 kcal, E 8 g, F 11 g, KH 49 g

TIPP Sie können die Teigschnecken auch einzeln auf einem mit Backpapier ausgelegten Blech ca. 20 Minuten im Ofen abbacken – so wird aus dem Frühstückskuchen ein leckerer Snack auf die Hand.

Feiner Bratapfelkuchen

Ein besonderer Genuss mit cremigem Philadelphia®, Äpfeln und aromatischer Vanille

Zutaten für 12 Stücke:

1 Backmischung für einen Hefeteig
(für ein Blech)
600 g PHILADELPHIA Doppelrahmstufe
125 g Zucker
2 EL Zitronensaft
Mark einer Vanilleschote
2 Eier
6 Äpfel (entkernt, in Hälften)

Vorbereitungszeit: 20 Minuten
Backzeit: 30 Minuten

Zubereitung

1 | Backofen auf 180°C (Umluft) vorheizen. Hefeteig nach Packungsanweisung zubereiten, anschließend ausrollen (ca. 30 x 40 cm) und auf ein mit Backpapier ausgelegtes Backblech legen.

2 | Philadelphia, Zucker, Zitronensaft und Vanillemark mit dem elektrischen Handrührgerät vermengen. Die Eier nach und nach einrühren. Philadelphia-Creme auf dem Hefeteig verteilen.

3 | Äpfel an der Oberfläche leicht einschlitzen und in die Creme drücken. Den Kuchen ca. 30 Minuten im Ofen backen, auskühlen lassen und servieren.

Pro Stück: ca. 1011 kJ / 233 kcal, E 5 g, F 14 g, KH 21 g

TIPP
Verwenden Sie am besten säuerliche Äpfel. Weihnachtlich schmeckt dieser Kuchen lauwarm serviert mit etwas Zimt bestreut.

Süße Schnecken

Eine kreative Alternative zum Apfelstrudel: Kuchenschnecken mit Rosinen und Äpfeln

Zutaten für 12 Stück:

2 Äpfel

1 Backmischung für einen Hefeteig
(für ein Blech)

5 EL PHILADELPHIA Balance

50 g Rosinen

1 Prise Zimt

Vorbereitungszeit: 15 Minuten
Backzeit: 25 Minuten

Zubereitung

1 | Backofen auf 180 °C (Umluft) vorheizen. Äpfel entkernen und in kleine Stücke schneiden.

2 | Hefeteig nach Packungsanweisung zubereiten, anschließend ausrollen (ca. 30 x 40 cm). Philadelphia auf dem Hefeteig verstreichen, mit Apfelstücken und Rosinen belegen und mit Zimt bestreuen, anschließend von der kurzen Seite her aufrollen.

3 | Von der Teigrolle 12 daumendicke Schnecken abschneiden, auf ein mit Backpapier ausgelegtes Backblech legen und ca. 25 Minuten backen.

Pro Stück: ca. 863 kJ / 206 kcal, E 6 g, F 7 g, KH 31 g

TIPP

Die Kuchenschnecken schmecken auch lecker mit einem Belag aus Philadelphia, einigen Bananenscheiben und Pflaumenmus.

Schoko-Brownies

Ein amerikanischer Klassiker mal anders: Mit Philadelphia® und braunem Zucker!

Zutaten für 16 Stücke:

125 g Milka® Schokolade
  Zartherb
125 g Butter
150 g brauner Zucker
3 Eier
75 g Mehl
250 g PHILADELPHIA Balance
50 g Zucker
1 Päckchen Vanillezucker

Vorbereitungszeit: 15 Minuten
Backzeit: 35 Minuten

Zubereitung

1 | Backofen auf 180 °C (Umluft) vorheizen. Schokolade und Butter im Wasserbad oder in der Mikrowelle schmelzen, dabei mehrmals umrühren.

2 | Braunen Zucker und zwei Eier mit dem elektrischen Handrührgerät schaumig schlagen, geschmolzene Schokoladenmasse dazugeben, anschließend mit dem Mehl verrühren.

3 | Philadelphia, Zucker, Vanillezucker und ein Ei in einer zweiten Schüssel verrühren.

4 | Die Schokoladenmasse in eine Brownie-Backform (ca. 23 x 23 cm) geben, die Philadelphia-Masse darauf verteilen und mit einer Gabel oder einem Kochlöffel marmorieren. Brownies etwa 35 Minuten im Backofen backen.

Pro Stück: ca. 879 kJ / 210 kcal, E 4 g, F 12 g, KH 21 g

TIPP Natürlich können Sie anstelle der Brownie-Backform auch eine Auflaufform ähnlicher Größe verwenden!

Waldbeer Tiramisu

Fruchtig-geschichtete Tiramisu-Variation mit Waldbeeren

Zutaten für 6 Portionen:

250 g Waldbeerenmischung
    (frisch oder tiefgekühlt)
400 g PHILADELPHIA
    Balance Joghurt
200 g Joghurt
2 EL Zitronensaft
4 EL Zucker
125 g Löffelbiskuit
100 ml Orangensaft

Zubereitungszeit: 10 Minuten

Zubereitung

1 | Tiefgekühlte Waldbeerenmischung auftauen und abtropfen lassen.

2 | Philadelphia, Joghurt, Zitronensaft und Zucker mit dem elektrischen Handrührgerät vermengen.

3 | Die Hälfte der Löffelbiskuits in Orangensaft tauchen und den Boden einer Kastenform (ca. 25 x 11 cm) damit auslegen.

4 | Die Hälfte der Creme darauf verteilen, anschließend die Beerenmischung darübergeben.

5 | Eine zweite Lage Löffelbiskuits daraufschichten und mit dem übrigen Orangensaft beträufeln. Die übrige Creme darauf verteilen und servieren.

Pro Portion: ca. 1190 kJ / 284 kcal, E 9 g, F 11 g, KH 35 g

TIPP

Natürlich können Sie auch Philadelphia Balance oder Philadelphia Doppelrahmstufe verwenden.

Philadelphia®-Tiramisu

Cremiges Tiramisu mit Philadelphia® und Joghurt – lecker!

Zutaten für 6 Portionen:
100 ml Jakobs® Kaffee (frisch gebrüht)
5 EL Mandellikör
400 g PHILADELPHIA Balance Joghurt
200 g Joghurt
2 Päckchen Vanillezucker
1 EL Zucker
125 g Löffelbiskuit (ca. 20 Stück)
Kaba® Kakaopulver zum Bestäuben

Vorbereitungszeit: 25 Minuten
Kühlzeit: 2 Stunden

Zubereitung

1 | Kaffee gut auskühlen lassen und mit dem Mandellikör mischen.

2 | Philadelphia mit Joghurt, Vanillezucker, Zucker und etwa 7 Esslöffeln der Kaffee-Mandellikör-Mischung mit dem elektrischen Handrührgerät glatt rühren.

3 | Eine Kastenform (ca. 25 x 11 cm) mit Klarsichtfolie auslegen. Den Boden mit Löffelbiskuits auslegen und mit der Hälfte der übrigen Kaffee-Mandellikör-Mischung beträufeln.

4 | Die Hälfte der Creme darauf verteilen und den Vorgang mit einer zweiten Schicht wiederholen. Tiramisu mindestens 2 Stunden kühlen und vor dem Servieren mit Kakaopulver bestäuben.

Pro Portion: ca. 1192 kJ / 284 kcal, E 9 g, F 10 g, KH 34 g

TIPP Für die alkoholfreie Variante des Tiramisu können Sie anstelle des Likörs auch Mandelsirup verwenden!

Schok´Orange-Törtchen

Kleine Törtchen für besondere Momente

Zutaten für 4 Portionen:

100 g PHILADELPHIA Balance

100 g Joghurt

1 EL Zitronensaft

3 Orangen

3 Blatt Gelatine

2 EL Zucker

1 Biskuitboden (dunkel oder hell)

50 g Côte d'Or®
 Intense 70% Cacao

Vorbereitungszeit: 10 Minuten

Kühlzeit: 2 Stunden

Zubereitung

1 | Philadelphia, Joghurt und Zitronensaft mit dem elektrischen Handrührgerät vermengen.

2 | Eine Orange auspressen, die übrigen filetieren. Gelatine in kaltem Wasser kurz einweichen und ausdrücken. Mit Orangensaft, Zucker und Orangenfilets erwärmen, bis sich die Gelatine gelöst hat. Zügig unter die Philadelphia-Creme rühren.

3 | Mit 4 Tassen Biskuitkreise ausstechen. Creme in die Tassen einfüllen, je einen Biskuitkreis vorsichtig darauf legen und für mindestens 2 Stunden kühlen.

4 | Mit einem Messer am Tassenrand entlangschneiden, Desserts stürzen und mit den übrigen Orangenfilets anrichten. Schokolade schmelzen und über das Dessert geben.

Pro Portion: ca. 1307 kJ / 312 kcal, E 8 g, F 12 g, KH 41 g

TIPP Die Schokolade können Sie einfach im Wasserbad oder in einem geeigneten Gefäß in der Mikrowelle schmelzen.

Weintrauben-Häppchen

Kleiner Snack für zwischendurch – frisch, leicht und schnell gemacht

Zutaten für 4 Portionen:

150 g PHILADELPHIA so leicht
50 g fettarmer Joghurt
1 EL Zucker
1 EL Zitronensaft
12 Kekse (z.B. Haferkekse)
120 g Weintrauben
(kernlos, halbiert)

Zubereitungszeit: 10 Minuten

Zubereitung

1 | Philadelphia, Joghurt, Zucker und Zitronensaft mit dem elektrischen Handrührgerät vermengen.

2 | Jeweils einen Klecks der Creme auf die Kekse geben, verstreichen und mit Weintrauben dekorieren.

Pro Portion (3 Stück): ca. 955 kJ / 228 kcal, E 7 g, F 8 g, KH 30 g

TIPP Die leckeren Kekshäppchen können Sie je nach Saison auch mit frischen Blaubeeren, Himbeeren oder anderen Früchten belegen.

Philadelphia®-Pralinen

In Kakao gewälzte Pralinen mit cremig-frischer Füllung

Zutaten für 20 Stück:

100 g Milka® Alpenmilch
  Schokolade
100 g PHILADELPHIA Doppelrahmstufe
2 EL Puderzucker
Mark einer Vanilleschote
2 EL echter Kakao
20 kleine Pralinenförmchen

Vorbereitungszeit: 15 Minuten
Kühlzeit: 30 Minuten

Zubereitung

1 | Schokolade im Wasserbad oder in der Mikrowelle schmelzen.

2 | Flüssige Schokolade, Philadelphia, Puderzucker und das Mark der Vanilleschote vermengen und ca. 30 Minuten in den Kühlschrank stellen.

3 | Aus der Philadelphia-Masse 20 runde Pralinen formen, diese im Kakao wälzen und in Pralinenförmchen setzen. Pralinen gut gekühlt aufbewahren.

Pro Stück: ca. 207 kJ / 48 kcal, E 1 g, F 3 g, KH 4 g

TIPP
Sie können die Philadelphia-Pralinen auch in Krokant oder Schokostreuseln wälzen.

Rezeptregister

Impressum

Hinweis

Die Ratschläge/Informationen in diesem Buch sind von Autoren und Verlag sorgfältig erwogen und geprüft, dennoch kann eine Garantie für deren Richtigkeit nicht übernommen werden. Eine Haftung der Autoren bzw. des Verlags und seiner Beauftragten für Personen-, Sach- und Vermögensschäden ist ausgeschlossen.

Bildnachweis

Titelfoto: Kai Schwabe Fotografie, Bremen
alle anderen Rezeptfotos: Kraft Foods
weitere Fotos: Südwest Verlag: 4/5, 12, 13 re. (Felbert&Eickenberg), 13 li. (Klaus Arras)

Dank

Das Philadelphia Team dankt allen Beteiligten, die geholfen haben, dieses Buch zu gestalten.

Impressum

© 2009 by Südwest Verlag, einem Unternehmen der Verlagsgruppe Random House GmbH, 81637 München.
Die Verwertung der Texte und Bilder, auch auszugsweise, ist ohne Zustimmung des Verlags urheberrechtswidrig und strafbar. Dies gilt auch für Vervielfältigungen, Übersetzungen, Mikroverfilmung und für die Verarbeitung mit elektronischen Systemen.

Philadelphia®, Jacobs®, Côte d'Or®, Milka® und Kaba® sind geschützte Marken und stehen im alleinigen Eigentum der Kraft Foods Unternehmensgruppe

Redaktionsleitung	Susanne Kirstein
Projektleitung und Rezeptentwicklung	Kraft Foods Ideen Center
	Heike Hauerken, Birte Grimm
Korrektorat	Susanne Langer
Covergestaltung und Layout	Eva M. Salzgeber, Neubeuern
Bildredaktion	Sabine Kestler
Projektrealisation, Satz	v*Büro – Jan-Dirk Hansen, München
Litho	Artilitho, Lavis - Trento (IT)
Druck und Verarbeitung	Mohn media Mohndruck GmbH, Gütersloh

Printed in Germany

FSC
Mix
Produktgruppe aus vorbildlich bewirtschafteten Wäldern und anderen kontrollierten Herkünften
Zert.-Nr. SGS-COC-1425
www.fsc.org
© 1996 Forest Stewardship Council

Verlagsgruppe Random House FSC-DEU-0100
Das für das Buch verwendete FSC-zertifizierte Papier *Profisilk* wurde produziert von Sappi Alfeld und geliefert durch die IGEPA.

ISBN 978-3-517-08482-4
9817 2635 4453